Bible little Me

A _____

... le encanta leer la Palabra de Dios.

... loves to read God's Word.

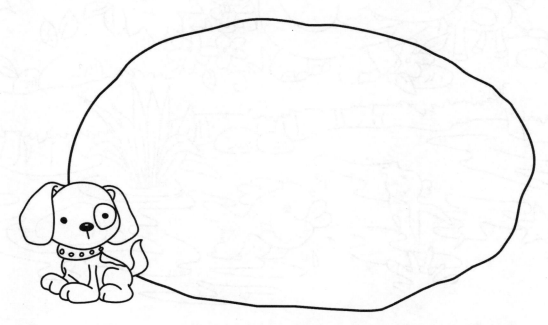

Dibuja un retrato de ti mismo.

Draw a picture of yourself.

Dios hace el mundo

Cuando Dios creó el mundo, se esmeró mucho por hacerlo a la perfección, para que tú y yo lo disfrutáramos. Al terminar, Dio quedó muy contento con el trabajo que había hecho. (Génesis 11)

God Makes the World

When God created the world, He took great care and effort to make it just right for you and me to enjoy. When God finished, He was very pleased with His good work.

Mensaje escondido

Colorea todos los cuadritos que tengan dentro un solo punto, y aparecerá el mensaje escondido.

Hidden Message

Color all of the boxes that have one dot inside to find the hidden message. (In Spanish)

Un triste error

Dios les dijo a Adán y Eva que podían comer cualquier fruta del huerto menos una, pero ellos no se controlaron y se la comieron de todos modos. Dios se puso muy triste. (Génesis 3 6)

A Sad Mistake

God told Adam and Eve that they could eat any fruit in the Garden except for one. But they didn't control themselves and ate it anyway. This made God sad.

Une y relaciona

Delinea las palabras y colorea las figuras, y luego, une cada palabra con la figura que corresponde.

un lugar donde sentarse
a place to sit

tomó una mala decisión
made a wrong choice

mascota de Eva
Eve's pet

desobedeció
disobeyed

jugoso y sabroso
juicy and tasty

astuto y embustero
sly and sneaky

donde crece fruta
where fruit grows

Trace and Match

Trace over the words, color the pictures and then draw a line to make pairs.

Noé sigue a Dios

Cuando Dios le dijo a Noé que construyera una enorme embarcación para su familia y todos los animales, Noé prestó mucha atención y siguió al pie de la letra las instrucciones que Dios le dio. (Génesis 6 13-22)

Noah Follows God

When God told Noah to build a big boat for his family and all the animals, Noah paid close attention, followed God's instructions and did exactly what God told him to do.

Encuentra el par

Ayuda a Don Noé a encontrar los dos animales idénticos de cada tipo.

Find the Pair

Help Mr. Noah find two of each animal that is exactly alike.

La torre altísima

Algunas personas empezaron a creerse tan buenas que pensaron podrían construir una torre que alcanzara hasta donde estaba Dios. Pero nadie es capaz de hacer las cosas tan bien como las hace Dios. Por eso, Él les confundió los idiomas y tuvieron que detener las obras. (Génesis 11 1-9)

The Very Tall Tower

Some people were so proud and thought they could build a great big tower to reach up to God. But no one can be as good as God. God mixed up their languages and they had to stop working.

Diferentes idiomas

Une el país con su idioma coloreando los ladrillos del mismo color.

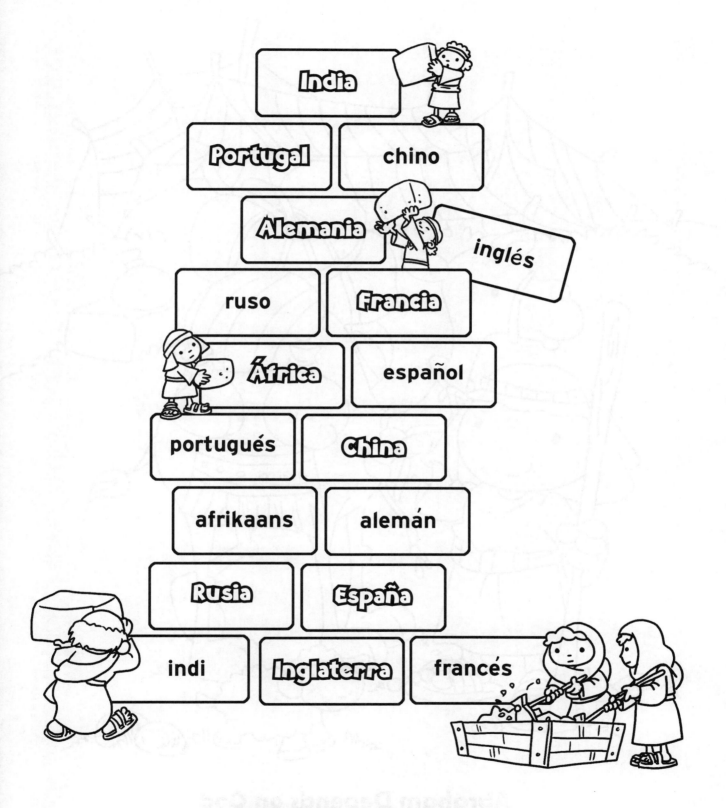

India

Portugal | chino

Alemania | inglés

ruso | Francia

África | español

portugués | China

afrikaans | alemán

Rusia | España

indi | Inglaterra | francés

Different Languages

Match the country with its language by coloring the bricks the same color. (In Spanish)

Abraham se apoya en Dios

Abraham no sabía adónde ir. Oró y se apoyó en la ayuda y orientación de Dios. Abraham escuchó y siguió a Dios. Es que, Dios siempre sabe qué es lo mejor para nosotros, ¿no es así? (Génesis 11 31 - 12 9)

Abraham Depends on God

Abraham didn't know where to go. He prayed and depended on God's help and guidance. Abraham listened and followed. God always knows what's best for us, doesn't He?

Ayúdalo a encontrar el camino

Ayuda a Abraham a abrirse paso para averiguar cuál es la voluntad de Dios respecto a dónde debe establecer su nuevo hogar.

La voluntad de Dios

Partida
Start

Help Find the Way

Help Abraham go through the maze to find God's Will and where to set up his new home.

Esperando bebé

Abraham y Sara querían tener un bebé. Esperaron con paciencia durante muchos años. Aunque tomó mucho tiempo y envejecieron, Dios guardó Su promesa y los bendijo dándoles un niño muy bonito.
(Génesis 15-17)

Waiting for a Baby

Abraham and Sarah wanted a baby. They waited patiently for many years. Even though it took a long time and they got old, God kept His promise and blessed them with a cute baby boy.

¿Qué edad tiene?

Para averiguar qué edad tenía Abraham cuando Dios les dio a Isaac, escribe una letra sobre cada uno de los guiones; hazlo empezando por la izquierda, tomando, a partir de la segunda letra, una sí y una no.

How old?

Find out how old Abraham was when he and Sarah had baby Isaac by starting from the left and writing every second letter in the box. And how old are you? Color the right amount of candles.

Una esposa para Isaac

El siervo de Abraham escogió a Rebeca para que se casase con Isaac porque ella tomó la iniciativa de darles de beber a todos sus camellos. Vio una necesidad e hizo algo al respecto. (Génesis 24)

A Wife for Isaac

Abraham's servant chose Rebekah to be Isaac's wife because she took initiative and gave all the camels water to drink. She saw a need and did something about it.

¿Quién soy?

Lee las descripciones y marca las que creas que concuerdan con Rebeca. Pon una X junto a las que piensas que no concuerdan. Luego colorea a la jovencita que piensas que se casó con Isaac.

Bonita.
Vestía pantalones.
Pelo corto.
Voz enojada.
Mueca de enojo.
Dio de beber al perro.
Dio de beber a un solo camello.
Llevaba una maleta.

Pretty.
Wore pants.
Short hair.
Angry voice.
Frowning.
Gave water to the servant.
Gave water to one camel.
Carried a suitcase.

Hermosa.
Llevaba falda.
Pelo largo.
Voz dulce.
Sonrisa.
Dio de beber al siervo.
Dio de beber a todos los camellos.
Llevaba un cántaro con agua.

Beautiful.
Wore a dress.
Long hair.
Soft voice.
Smiling.
Gave water to the servant.
Gave water to all the camels.
Carried a water pot.

Who am I?

Read the descriptions below and put a check on the ones you think apply to Rebecca. Put an X if you feel they don't apply. Then color the girl that you think became Isaac's wife.

Jacob engaña

Jacob le hizo trampa a su hermano y engañó a su padre de modo que le diera a él la bendición que le correspondía a su hermano. Tiempo después, se arrepintió pues sabía que había obrado mal.
(Génesis 25, 27)

Jacob Cheats

Jacob cheated and tricked his father into giving him the blessing, instead of to his brother Esau. Later, Jacob was sorry and sad because he knew that he had done wrong.

¿Qué aprendió Jacob?

Para averiguarlo, sigue el camino y a tu paso recoge las letras.

___ ___   ___ ___ ___ ___ ___ ___ ___ ___

What did Jacob learn?

To find out, go through the path and collect the letters as you go. (In Spanish)

El sueño especial de Jacob

Dios le dio a Jacob un sueño para animarlo y demostrarle que lo seguía amando.
Lo perdonó a pesar del error que cometió al engañar a su hermano. (Génesis 28 10-22)

Jacob has a Dream

God gave Jacob a dream to encourage him and show him that He still loved him.
He forgave him even after he made the mistake of cheating his brother.

Sube las escaleras

Une los puntos y luego termina los dibujos para ilustrar la historia.

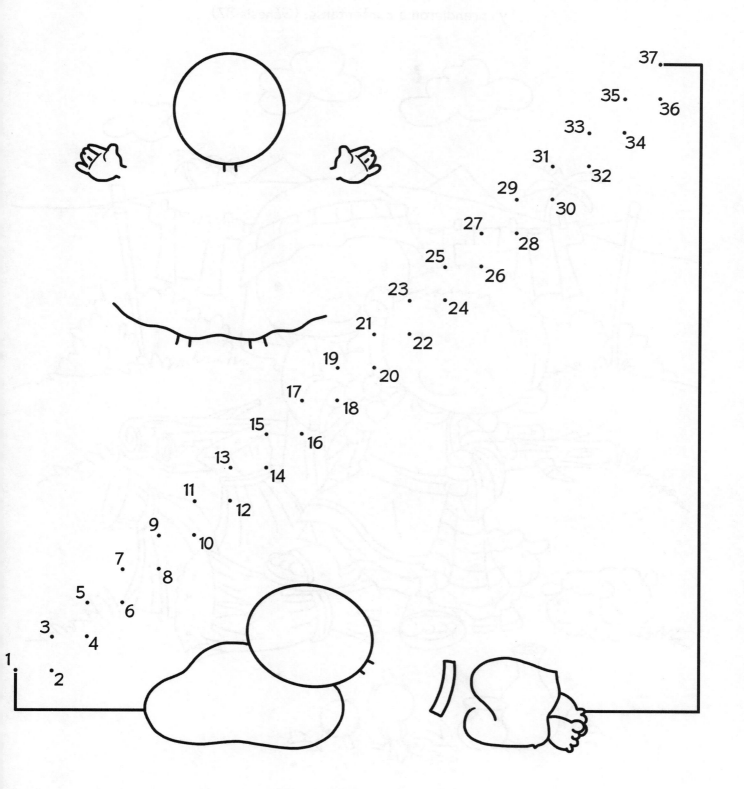

Up the Stairs

Join the number dots, then finish the pictures to fit the story.

El traje de colores de José

«¡No es justo!», gritaron los hermanos de José. «¿Por qué a José le regalan un traje nuevo y a nosotros no?» Estaban celosos y querían lo que tenía José. Pero a la larga se arrepintieron y aprendieron a contentarse. (Génesis 37)

Joseph's Colorful Coat

"It's not fair!" Joseph's brothers shouted. "Why does Joseph get a new coat and we don't?" They were jealous and wanted what Joseph had. But later, they were sorry and learned to be content.

Diseñador de modas

Decora y colorea a tu gusto el traje nuevo de José.

Fashion Designer

Draw desgins onto Joseph's new coat, then color it.

La ayuda de una hermana

Miriam vigiló a su hermanito mientras estuvo escondido en el río Nilo. Le tuvo un ojo encima para asegurarse de que no le fuera a pasar nada. Miriam aprendió a ser una niña responsable. (Éxodo 1 1,2,10

Miriam Does Her Part

Miriam watched over her little brother while he was hiding in the Nile River. She looked out for him to make sure that he was safe. Miriam learned to be responsible.

Encuentra las diferencias

Encierra con un círculo las diferencias con el dibujo de la izquierda. Son catorce.

Find the Differences

Circle the differences from the picture on the left. There are 14.

Cruzar el Mar Rojo

Moisés extendió las manos y oró. Dios abrió un camino en medio del mar y todo el pueblo logró pasar hasta el otro lado sobre tierra seca. «¡Gracias, Dios, por semejante milagro!», exclamó toda la gente. (Éxodo 13-15)

Crossing the Red Sea

Moses stretched out his hands and prayed. God made a path through the Sea and all the people walked through on dry ground. "Thank You God for this miracle!" the people shouted.

Sé tú el dibujante

Termina de dibujar las figuras de Moisés y el pueblo de Dios cruzando el Mar Rojo.
O, si lo prefieres, corta y pega papel azul a ambos lados de la gente.

Be the Artist

Finish drawing the picture of Moses and God's people crossing the Red Sea.
Or, if you prefer, instead glue some blue paper strips on either side of them.

Mandamientos de Dios

Dios le dio a Moisés diez mandamientos para que se los transmitiera al pueblo. Dios quería que los siguieran y obedecieran porque sabía que les harían bien y que estarían más contentos. (Éxodo 19, 20)

God's Commandments

God gave Moses "Ten Commandments" to pass on to the people. God wanted them to follow and obey these rules because He knew that they were good for them and would make them happier.

Completa las frases

Para recordar los 10 mandamientos, llena los espacios en blanco.
Tacha o raya las palabras que vayas usando.

1 Ama a Dios ___ _____ de cualquier otra cosa.

2 No des a nada mayor importancia que a ____.

3 Pronuncia el _____ de Dios con respeto.

4 Tómate un día para _____.

5 Ama y _____ a tus padres.

6 No le hagas ____ a nadie.

7 Sé fiel a tu _____ o esposa.

8 No te apropies de ____ que no sea tuyo.

9 Di siempre la _____.

10 _____ con lo que tienes.

verdad
daño
nombre
nada
conténtate
por encima
obedece
esposo
descansar
Dios

Fill in the Blanks

Fill in the blanks to help you remember the 10 Commandments.
Cross out the words from the list as you go. (In Spanish)

La batalla de Jericó

Josué estuvo listo y dispuesto a seguir las instrucciones de Dios para tomar la ciudad de Jericó.
Aunque al principio el plan le pareció un poco extraño y alocado, Josué estuvo dispuesto a obedecer.
(Jueces 5, 6)

The Battle of Jericho

Joshua was eager and ready to follow God's instructions in order to take over Jericho.
Even though it seemed a little silly and crazy at first, Joshua was willing to obey.

¡En Jericó por fin!

Ayuda a Josué a entrar a la ciudad de Jericó

Into Jericho at last!

Help Joshua get into the city of Jericho.

Débora va a la batalla

El pueblo de Dios necesitaba ayuda. Aunque las mujeres no acostumbraban ir a la batalla, Débora lo hizo con mucho gusto. Dios la ayudó a ganar la batalla junto a Su pueblo. (Jueces 4-5)

Deborah Goes to Battle

God's people needed help. Even though going to battle wasn't something that woman usually did, Deborah was glad to be of service. God helped her and His people to win the battle.

¿Verdadero o falso?

Lee el texto de cada uno de los recuadros y luego traza una línea que los una con el recuadro que dice VERDADERO o el que dice FALSO, según corresponda.

Débora era jueza.

Deborah was a judge.

Las mujeres siempre van a la batalla.

Women always went to battle.

Débora se agarraba la mejor parte.

Deborah took the best for herself.

Débora ayudaba a la gente a hallar soluciones.

Deborah helped people find solutions.

Débora decidió no ir.

Deborah decided not to go.

Débora sirvió gustosa al pueblo de Dios.

Deborah gladly served God's people.

Los enemigos se robaron las provisiones de la gente.

Enemies stole the people's food and animals.

Con la ayuda de Dios, obtuvieron la victoria.

With God's help the victory was won.

Dios escogió a Débora para ayudar a dirigir el ejército.

God chose Deborah to help lead the army.

Débora entonó una canción de alabanza.

Deborah sang a song of praise.

Verdadero
True

Falso
False

True or False

Read the text boxes, then draw a line to the correct box, whether it's TRUE or FALSE.

Dios ayuda a Gedeón

Dios le dijo a Gedeón que hiciera algo fuera de lo común, algo que le pareció un poco extraño, sin embargo Gedeón confió en Él. Demostró ser una persona flexible pues cambió sus planes para seguir los de Dios. (Jueces 6-7)

God Helps Gideon

God told Gideon to do some things that were different and a bit odd, but Gideon trusted Him. He showed himself flexible as he changed his own plans to followed God's plans.

Palabras de la historia

Colorea todas las palabras que tengan algo que ver con la historia de Gedeón.

LÁPIZ

Gedeón   confianza

PERRO   CUERNO

TIENDA   JUEGO

noche

ANTORCHA

cántaros   victoria

MERIENDA   ESCUELA

Story Words

Color in all the words that have something to do with the story of Gideon. (In Spanish)

Sansón el fortachón

Sansón era un juez que ayudaba al pueblo de Dios. Aprendió lo importante
que es tomar buenas decisiones en vez de hacer solo lo que le daba gana. (Jueces 13, 16)

Samson the Strong

Samson was a judge who helped God's people. He learned the importance
of making wise decisions and not only doing what he felt like doing.

¿De dónde?

¿De dónde procedía la fuerza de Sansón?

From Where?

Where did Samson get his strength from?

Rut honra a Noemí

Rut no quería que Noemí estuviera sola. Rut demostró fidelidad quedándose a cuidar y ayudar a Noemí como lo hubiera hecho un familiar. Dios bendijo a Rut de muchas maneras. (Libro de Rut)

Ruth Honors Naomi

Ruth didn't want Naomi to be on her own. Ruth showed faithfulness as she stayed to help and take care of her, just as family would. God blessed Ruth in many ways.

Espigas de trigo

Ayuda a Rut a encontrar las espigas similares que apunten en la misma dirección.

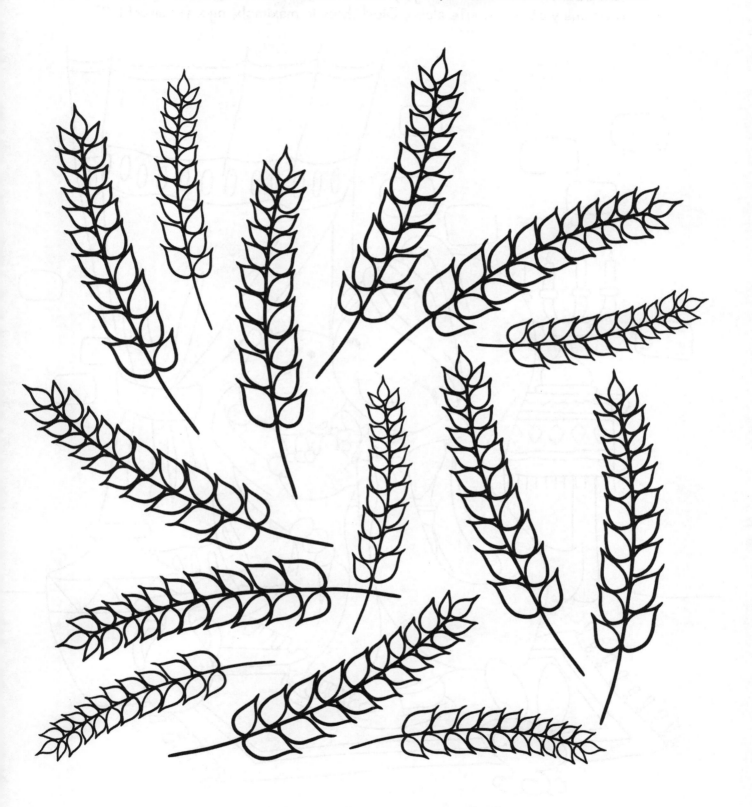

Corns of Wheat

Help Ruth find the matching heads of wheat that are facing the same way. Circle them.

Ana agradece a Dios

¡Dios bendijo a Ana con un hijo y eso la hizo muy feliz! Agradeció y alabó a Dios una y otra vez. «¡Te alabo, Dios! ¡Eres lo máximo!», dijo. (1 Samuel 1, 2)

Hannah Thanks God

God blessed Hannah with a son and this made her so happy! She thanked and praised God over and over again. "I praise You, God! You are great! You are awsome!" she said.

Encuentra el mismo

Encuentra y encierra con un círculo el dibujo que sea igual al del modelo.

Find the Same

Look closely and circle the picture that is exactly like the example in the circle?

Samuel escucha

Samuel aprendió a orar y escuchar a Dios desde pequeño. Se quedaba quietecito y en silencio para poder escuchar las cosas tan importantes que le decía Dios. (1 Samuel 3 1-19)

Samuel Listens

Samuel learned how to pray and listen to God when he was just a little boy.
He stayed very still and quiet so that he could hear God's important messages.

¿Qué hizo Samuel?

Colorea las letras que estén marcadas con un punto, y descubrirás lo que hizo Samuel.

Samuel...

What did Samuel do?

Color the letters with a dot inside to see what Samuel did. (In Spanish)

Un pastorcito

El joven David cuidaba las ovejas de su padre. Las sacaba a dar largos paseos para que pudieran pastar y beber agua. También las protegía de peligros y bestias salvajes. (1 Samuel 16)

A Shepherd Boy

Young David cared for his father's sheep. He took them on long walks where they could find fresh water and green grass. He also kept them safe from danger or wild animals.

¡A dibujar!

Aprende a dibujar una de las ovejitas de David siguiendo los pasos uno por uno.

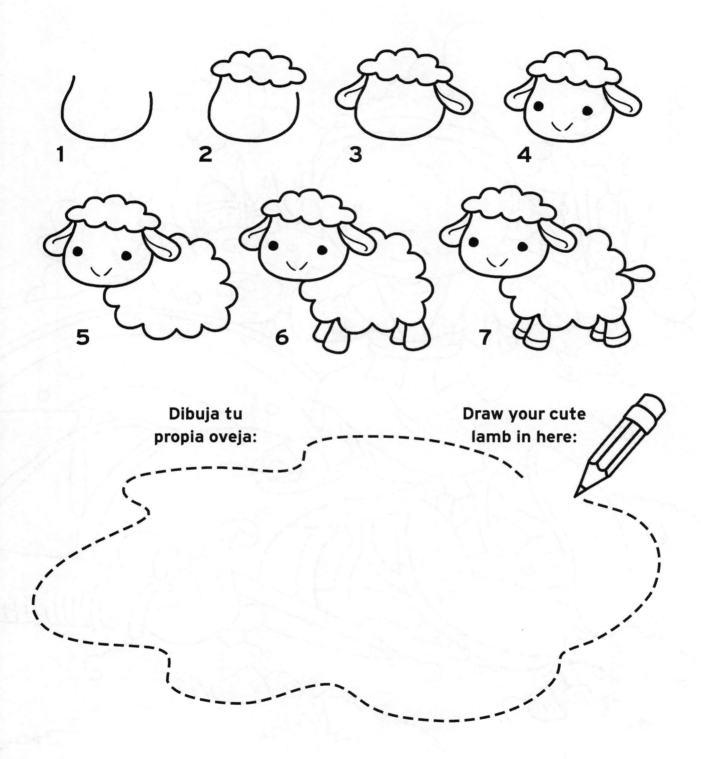

Dibuja tu propia oveja:

Draw your cute lamb in here:

Be the Artist

Learn how to draw one of David's little lambs, by following each step, one by one.

Hacer frente al gigante

Todos le tenían terror al gigante Goliat. Pero David dijo: «Yo enfrentaré al gigante con la ayuda de Dios. ¡Con Dios de mi lado, soy valiente!» (1 Samuel 17)

Fighting the Big Man

Everyone was afraid of the big giant, Goliath. But David said "I will fight the giant with God's help. With God, I am not afraid. With God, I have courage!"

Preguntas y respuestas

Colorea la figura que responda a cada pregunta.

¿Qué edad tenía David en esta historia?   How old was David in this story?

¿Qué aspecto tenía Goliat?   What did Goliath look like?

¿Qué usó David para derribar a Goliat?   What did David use to fight Goliath?

Questions and Answers

Color the correct picture to match each question.

David le canta a Dios

El rey David compuso muchas canciones para manifestarle su amor y gratitud a Dios. «El Señor es mi pastor y me da todo lo que necesito. Me lleva a lugares maravillosos...», cantaba David.
(Libro de los Salmos)

David's Songs to God

King David wrote songs, many songs to show his love and thanks to God. "The Lord is my shepherd and He gives me everything that I need. He leads me to good places ..." David sang.

Sigue el camino

Descubre una de las canciones de David siguiente el camino y leyendo las palabras en orden.

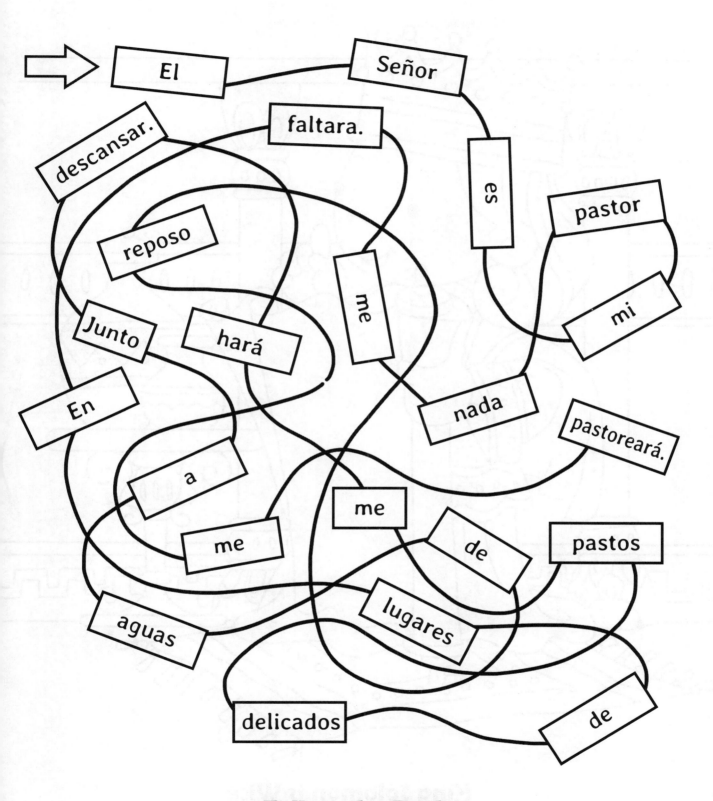

El   Señor   faltara.   descansar.   es   pastor   reposo   me   mi   Junto   hará   En   nada   pastoreará.   a   me   pastos   aguas   me   de   lugares   delicados   de

Follow the Path

Discover one of David's songs by following the path and reading the words in order. (In Spanish)

Salomón, el rey sabio

Cuando lo coronaron rey, Salomón supo que necesitaría la ayuda de Dios para gobernar bien.
Por eso, más que riquezas y poder, le pidió mucha sabiduría. (1 Reyes 3 3-15)

King Solomon is Wise

When Solomon became king, he knew that he needed lots of God's help to rule well.
So, he prayed and asked for extra wisdom, even more than for riches and power.

¿Qué es la sabiduría?

Traza una línea para unir las monedas de oro que contengan sabiduría con el cofre.
Luego coloréalas.

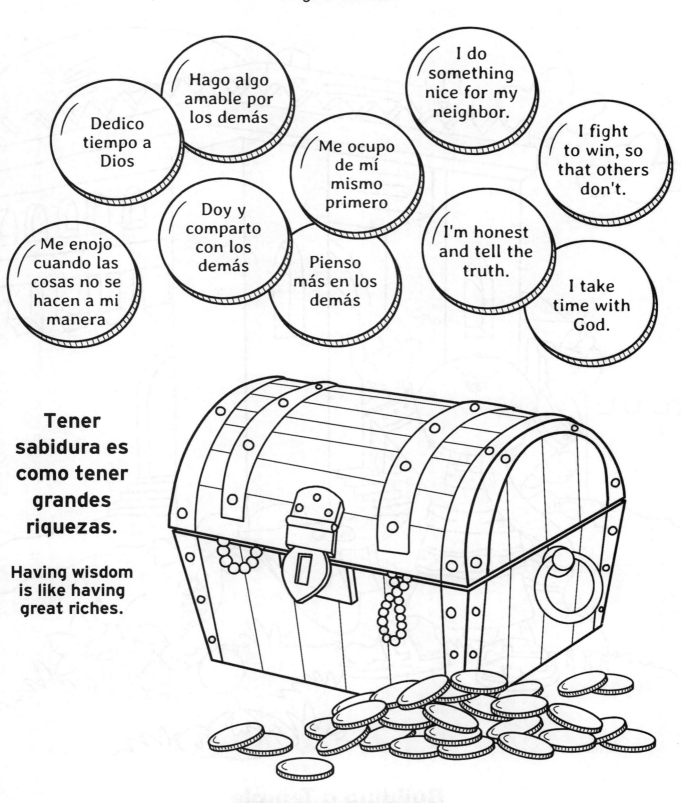

Dedico tiempo a Dios

Hago algo amable por los demás

I do something nice for my neighbor.

I fight to win, so that others don't.

Me ocupo de mí mismo primero

Doy y comparto con los demás

I'm honest and tell the truth.

Me enojo cuando las cosas no se hacen a mi manera

Pienso más en los demás

I take time with God.

Tener sabidura es como tener grandes riquezas.

Having wisdom is like having great riches.

What is Wisdom?

Draw a line to the chest from the gold coins that mean wisdom. Then, color them in.

Construir un templo

El Rey Salomón construyó un templo para que la gente tuviera adonde ir a adorar a Dios. Cuando acabaron las obras, celebraron con una fiesta de alabanzas. (1 Reyes 4-7)

Building a Temple

King Solomon built a beautiful temple so that the people could worship God there. When the temple work was completed, they celebrated with a Praise party.

Alabanzas a Dios

Salomón construyó un templo para que las personas tuvieran dónde adorar a Dios. Escribe en las burbujas las cosas por las que podrían haberle dado gracias.

Praises to God

Welcome to Solomon's temple! If you were there, what would you thank God for? Write whatever comes to mind, into the speech bubbles below.

Dios alimenta a Eliseo

Eliseo se escondió de la malvada reina Jezabel, que quería hacerle daño. Dios cuidó de Eliseo y envió aves para que le llevaran comida todos los días. Eliseo esperó pacientemente durante muchos días hasta que fuera seguro salir de su escondite. (1 Reyes 16, 17)

God Feeds Elijah

Elijah hid from bad Queen Jezebel who wanted to hurt him. God took care of Elijah and sent birds to bring him food each day. Elijah waited patiently for many days untill it was safe to leave again.

Dios proveyó

¿Qué le dio Dios a Eliseo mientras estuvo escondido?

pan
bread

agua
water

carne
meat

God Provided

What did God provide for Elijah while he hid?

Una viuda en necesidad

Cuando faltaron alimentos en su tierra, Elías tuvo hambre. Se acercó a una viuda pobre, que generosamente le dio su último mendrugo de pan. Dios hizo un milagro y la bendijo con mucho más.
(1 Reyes 17 7-16)

A Widow in Need

There was a famine and Elijah was hungry. He went to a poor widow who showed unselfishness and gave him her last little bread. God did a miracle and blessed her with much more.

¿Qué sucedió?

En cada fila horizontal hay una o dos palabras escondidas.
Enciérralas con un círculo y encontrarás el final feliz de esta historia.

L	L	L	L	a	a	a	a	a	a	a
h	h	a	r	i	n	a	a	a	a	a
y	y	y	y	y	e	e	e	e	e	l
a	a	a	a	a	a	c	e	i	t	e
d	e	e	e	e	e	l	a	a	a	a
v	i	u	d	a	a	a	a	a	a	a
n	n	n	n	n	u	n	c	a	a	a
s	s	s	s	e	e	e	e	e	e	e
a	a	c	a	b	a	r	o	n	n	n

What Happened?

There is a hidden word in each row. Circle them, and you'll find the happy ending of the story.
(In Spanish)

Ayuda para Naamán

Naamán tenía una enfermedad llamada lepra. «Ve a lavarte en el río Jordán», le dijo Elías. Naamán quería mejorarse, así que fue y se lavó una y otra vez: siete en total. No abandonó hasta curarse.
(2 Reyes 5 1-15)

Naaman gets Help

Naaman was sick with leprosy. "Go wash in the river seven times." Elisha told him. Naaman really wanted to get better, and so he washed again and again, 7 times. He didn't give up until he was heale

Encuentra los retazos

Estos retazos pertenecen al dibujo de la izquierda. Encuentra a qué parte del dibujo corresponden y traza una línea que los ubique donde corresponde.

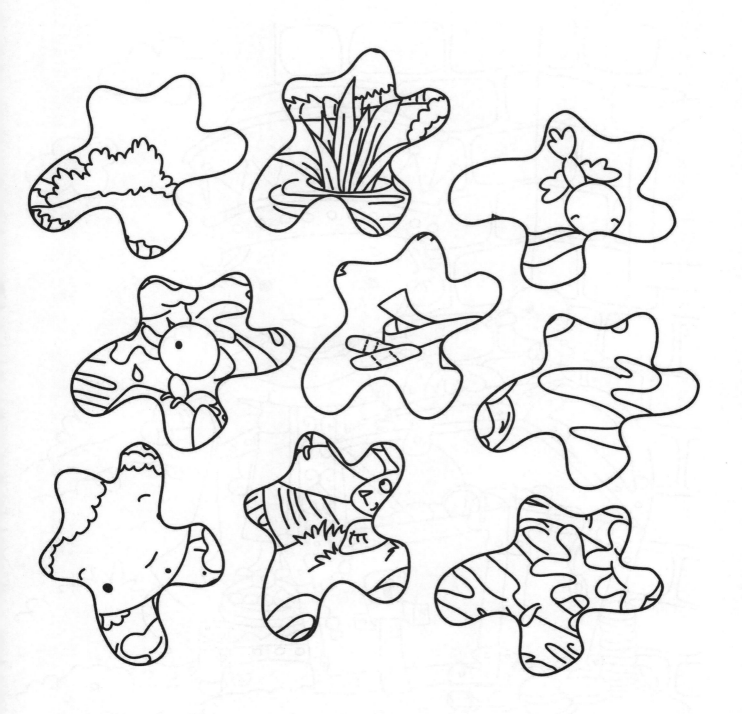

Find the Shapes

These shapes are taken from the picture on the left.
Draw a line where they belong.

El pequeño rey Joás

El pequeño Joás fue rey al cumplir los siete años. Reinar era mucho trabajo, de modo que necesitó bastante ayuda y consejo de otros. Aprendió a trabajar con otras personas y a escuchar los consejos que le daban. (2 Reyes 11, 12)

Little King Joash

Little boy Joash became king at only seven years old. It was a big job to be the king, so he needed lots of help and advice. He learned to work well with others and listen to their suggestions.

Une los puntos

Une lo puntos para terminar los dibujos, y luego colorea el que más te guste.

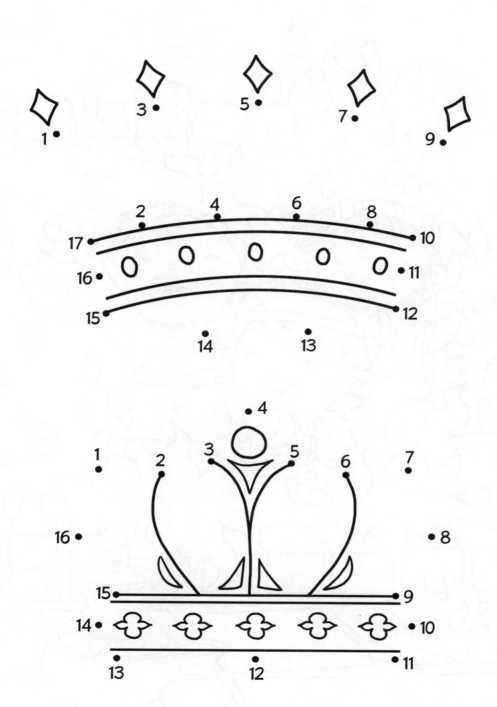

Dot to Dot

Complete the two dot-to-dot pictures, then color in your favorite one.

Tres hombres valientes

«¡Inclínense a adorar mi ídolo de oro!», ordenó el rey. Pero Sadrac, Mesac y Abednego solo oraban y adoraban a Dios. Dios los guardó a salvo cuando el rey los echó al fuego. (Daniel 3)

Three Brave Men

"Bow down to my golden statue!" commanded the king. But Shadrach, Meshach and Abednego only prayed and worshipped God. God kept them safe even when the king threw them in the fire.

Mensaje oculto

Guiándote por los códigos de fuego, descubre el mensaje oculto.

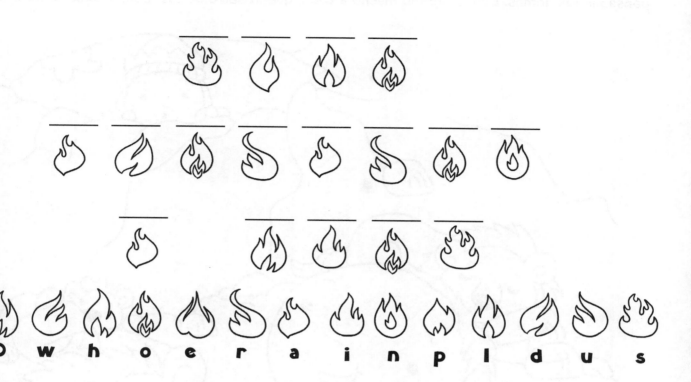

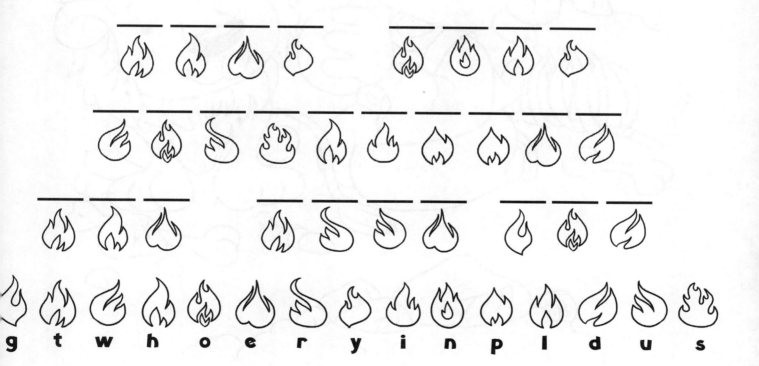

Hidden Message

Use the fire codes to fill in the blanks and find the hidden message.

Daniel ora a Dios

Daniel oraba a Dios tres veces al día. A Daniel le importaba más lo que opinaba Dios que lo que pensaban los demás. Eso le agradó mucho a Dios, que lo salvó de los leones hambrientos. (Daniel 6)

Daniel Prays to God

Daniel prayed to God 3 times a day. Daniel cared more about what God thought than what anyone else thought. God was pleased with Daniel and saved him from the hungry lions.

Sigue dibujando

A los leones les faltan algunos trazos. Averigua cuáles son y dibújalos.

Continue Drawing

There are a few things missing from each lion. Find out what they are and draw them.

Nehemías reconstruye el muro

Nehemías y el pueblo de Dios trabajaron arduamente para reconstruir los muros de la ciudad. Algunas personas trataron de detenerlos y de molestarlos, pero Nehemías siguió trabajando y no se dio por vencido. (Nehemías 1, 2)

Nehemiah Rebuilds

Nehemiah and God's people worked hard to rebuild the walls of the city. Some people tried to stop their work and bother them, but Nehemiah kept on working and did not give up.

Termina las obras

Ayuda a Nehemías a encontrar su cubeta y las herramientas
que necesita para terminar de reconstruir los muros.

Finish the Job

Help Nehemiah find his bucket and tools to finish his job on the walls.

La valiente reina Ester

La reina Ester amaba mucho a Dios. Oraba y le pedía a Dios que le diera valor para ayudar a salvar a su gente. Se puso un vestido muy elegante y muchas joyas, pero su belleza se debía sobre todo a que su corazón rebosaba de amor. (Libro de Ester)

Brave Queen Esther

Queen Esther loved God very much. She prayed and asked God for courage to help save her people. She wore fancy clothes and lots of jewelry, but her real beauty was because of her loving heart.

Piezas de rompecabezas

Une las piezas iguales escribiendo los números que correspondan en los círculos en blanco.

Puzzle Pieces

Match the puzzle pieces by writing the matching numbers in the blank circles.

Jonás y el gran pez

«¡Ve a Nínive!», le ordenó Dios a Jonás. «Pero es que... no tengo tiempo... no quiero...», respondió Jonás, mientras se subía a un barco que iba en la dirección contraria. Entonces, se lo tragó un pez enorme, y así fue que Jonás aprendió una lección muy importante. (Jonás 1-3)

Jonah and the Fish

"Go to Ninevah!" God told Jonah. "But I don't have time ... I don't want to ..." Jonah answered, as he went on a ship sailing the other way. Later, a mighty big fish taught Jonah a mighty important lesson

¡Leven las velas!

Dibuja algunas de las cosas que Jonás pudo haber visto en su viaje.

ballena   whale

océano   Ocean

tormenta

barco   ship

marineros   sailors

storm

conchas marinas   seashells

Raise the Sails!

Draw some of the things that Jonah may have seen on his trip.

info@ProduccionesPrats.com
www.ProduccionesPrats.com
Tel: 01 800 926 1913

Creado por Agnes y Salem de Bezenac
Ilustrado por Agnes de Bezenac
Traducción: Quiti Vera
Copyright 2016. Todos los derechos reservados.
ISBN 978-1-62387-590-9
Impreso en Colombia